1・達磨四行觀
2・達磨血脈論
3・達磨悟性論
4・達磨破相論
5・最上乘論

眾生無我 並緣業所轉 苦樂齊受 皆從緣生

達磨祖師論集

世人長迷 處處貪著 名之為求 智者悟真

達磨祖師◎著

目錄

達磨祖師著

達磨四行觀

菩提達磨大師略辨大乘入道四行觀

弟子　曇琳　序

法師者，西域南天竺國人，是婆羅門國王第三之子也。神慧疎朗，聞皆曉悟；志存摩訶衍道，故捨素隨緇，紹隆聖種；冥心虛寂，通鑒世事，內外俱明，德超世表。悲悔邊隅正教陵替，遂能遠涉山海，遊化漢魏。亡心之士，莫不歸信；存見之流，乃生譏謗。于時唯有道育惠可，此二沙門年雖後生，俊志高遠。幸逢法師，事之數載，虔恭諮啓，善蒙師意。法師感其精誠，誨以眞道，令如是安心，如是發行，如是順物，如是方便，此是大乘安心之法，令無錯謬。如是安心者：壁觀。如是發行者：四行。如是順物者：防護譏嫌。如是方便者：遣其不著。此略序所由云爾。

夫入道多途，要而言之，不出二種：一是理入、二是行入。理入者：謂藉教悟宗；深信含生同一眞性，但爲客塵妄想所覆，不能顯了。若也捨妄歸眞，凝住壁觀，無自無他，凡聖等一，堅住不移，更不隨文教，此即與理冥符。無有分別，寂然無爲，名之理入。行入謂四行，其餘諸行悉入此中。何等四耶？一報冤行，二隨緣行，三無所求行，四稱法行。

云何報冤行？謂修道行人，若受苦時，當自念言：我往昔無數劫中，棄本從末，流浪諸有，多起冤憎，違害無限，今雖無犯，是我宿殃，惡業果熟，非天非人所能見與，甘心甘受，都無寃訴。經云：逢苦不憂。何以故？識達故。此心生時，與理相應，體寃進道，故說言報寃行。

二隨緣行者：衆生無我，並緣業所轉，苦樂齊受，皆從緣生。若得勝報榮譽等事，是我過去宿因所感，今方得之，緣盡還無，何喜之有？得失從緣，心無增減，喜風不動，冥順於道，是故說言隨緣行。

三無所求行者：世人長迷，處處貪著，名之爲求。智者悟眞，理將俗反，安心無爲，形隨運轉，萬有斯空，無所願樂。功德黑暗常相隨逐，三界久居，猶如火宅，有身皆苦，誰得而安？

了達此處，故捨諸有，止想無求。經曰：有求皆苦，無求即樂。判知無求。眞爲道行，故言無所求行。

四稱法行者：性淨之理，目之爲法。此理衆相斯空，無染無著，無此無彼。經曰：法無衆生，離衆生垢故；法無有我，離我垢故；智者若能信解此理，應當稱法而行。法體無慳，身命財行檀捨施，心無悋惜，脫解三空，不倚不著，但爲去垢，稱化衆生而不取相。此爲自行，復能利他，亦能莊嚴菩提之道。檀施既爾，餘五亦然。爲除妄想，修行六度，而無所行，是爲稱法行。

達磨大師四行觀終

附達磨大師碑頌

梁武帝蕭衍

楞伽山頂坐寶日。
形同大地體如空。
匪磨匪瑩恆淨明。
芬陀利花用嚴身。
不有不無非去來。
實哉空哉離生有。
剎那而登妙覺心。
理應法水永長流。

中有金人披縷褐。
心有瑠璃色如雪。
披雲卷霧心且徹。
隨緣觸物常怡悅。
多聞辨才無法說。
大之小之象緣絕。
躍鱗慧海起先哲。
何期暫通還蹔渴。

驪龍珠內落心燈。
生途忽焉慧眼閉。
無去無來無是非。
住焉去焉皆歸寂。
用之執手以傳燈。
有能至誠心不疑。
一眞之法盡可有。

白毫慧刃當鋒缼。
禪河駐流法梁折。
彼此形體心碎裂。
寂內何曾存哽咽。
生死去來如電掣。
劫火燃燈斯不滅。
未悟迷途茲是竭。

達磨祖師著

達磨血脈論

達磨大師血脈論序

右朝奉郎通判建昌軍事賜緋魚袋任哲作

原人之心，皆具佛性。泛觀諸家禪說一切經文，原其至當之理，未有不言自己性中本來眞佛。達磨西來，直指人心，見性成佛；蓋謂自己眞佛，不出一性之中。人人不自委信，所以向外馳求。將謂自性眞佛外更有別佛，故諸佛諸祖師說法要人省悟自己本來眞佛，不假外求。又緣種種法語泛濫不一，轉使學人惑亂本性，無悟入處。惟有達磨血脈論，並黃檗傳心法要二說，最爲至論。可以即證自己佛性，使人易曉。比之求師訪道，鑽尋故紙，坐禪行脚，狂費工夫，相去萬倍，此非小補。紹興癸酉見獨老人任哲序。

達磨大師血脈論

渝州華巖寺沙門釋宗鏡　校刻

三界混起，同歸一心，前佛後佛，以心傳心，不立文字。問曰：若不立文字，以何爲心？答曰：汝問吾即是汝心，吾答汝即是吾心。吾若無心因何解答汝？汝若無心因何解問吾？問吾即是汝心，從無始曠大劫以來，乃至施爲運動一切時中，一切處所，皆是汝本心，皆是汝本佛。即心是佛，亦復如是。除此心外，終無別佛可得；離此心外覓菩提涅槃無有是處。自性眞實非因非果。法即是心義，自心是涅槃。若言心外有佛及菩提可得，無有是處。佛及菩提皆在何處？譬如有人以手提虛空得否？虛空但有名，亦無相貌；取不得、捨不得，是捉空不得。除此心外，見佛終不得也。佛是自心作得，因何離此心外覓佛？前佛後佛只言其心，心即是佛，佛即是心；心外無佛，佛外無心。若言心外有佛，佛在何處？心外既無佛，何起佛見？遞相誑惑，不能了本心，被它無情物攝，無自由。若也不信，自誑無益。佛無過患，衆生顛倒，不覺不知自心是佛。若知自心是佛，不應心外覓佛。佛不度佛，將心覓佛不識佛。但是外覓佛者，盡是不識自心是佛。亦不得將佛禮佛，不得將心念佛。佛不誦經，佛不持戒，佛不犯戒、佛無持犯，亦不造善惡。若欲覓佛，須是見性，見性

即是佛。若不見性，念佛誦經、持齋、持戒、亦無益處。念佛得
因果，誦經得聰明，持戒得生天，布施得福報，覓佛終不得
也。若自己不明了，須參善知識，了卻生死根本。若不見性，
即不名善知識。若不如此，縱説得十二部經，亦不免生死
輪迴，三界受苦，無出期時。昔有善星比丘，誦得十二部經，
猶自不免輪迴，緣爲不見性。善星既如此，今時人講得三
五本經論以爲佛法者，愚人也。若不識得自心，誦得閑文
書，都無用處。若要覓佛，直須見性。性即是佛，佛即是自在
人，無事無作人。若不見性，終日茫茫，向外馳求，覓佛元來
不得。雖無一物可得，若求會亦須參善知識，切須苦求，令

心會解。生死事大，不得空過，自誑無益。縱有珍饈如山，眷屬如恆河沙開眼即見，合眼還見麼？故知有爲之法，如夢幻等。若不急尋師，空過一生。然即佛性自有，若不因師，終不明了。不因師悟者，萬中希有。若自己以緣會合，得聖人意，即不用參善知識。此即是生而知之，勝學也。若未悟解，須勤苦參學，因教方得悟。若未悟了，不學亦得。不同迷人，不能分別皂白，妄言宣佛勅，謗佛忌法。如斯等類，說法如雨，盡是魔說，即非佛說。師是魔王，弟子是魔民，迷人任它指揮，不覺墮生死海。但是不見性人，妄稱是佛。此等衆生，是大罪人，誑它一切衆生，令入魔界。若不見性，說得十二部經教，盡是魔說。魔家眷屬，不是佛家弟子。既不辨皂白，憑何免生死。若見性即是佛，不見性即是衆生。若離衆生性，別有佛性可得者，佛今在何處？即衆生性，即是佛性也。性外無佛，佛即是性；除此性外，無佛可得，佛外無性可得。問曰：若不見性，念佛誦經布施持戒精進，廣興福利，得成佛否？答曰：不得。又問：因何不得？答曰：有少法可得，是有爲法，是因果、是受報、是輪迴法，不免生死，何時得成佛道。成佛須是見性。若不見性，因果等語，是外道法。若是佛、不習外道法。佛是無業人，無因果，但有少法可得，盡是謗佛，憑何得成。但有住著一心一能一解一見，佛都不許。佛無持犯，心性本空，亦非垢淨。諸法無修無證，無因無果。佛不持戒，佛不修善，佛不造惡，佛不精進，佛不懈怠，佛是無作人。但有住著心，見佛即不許也。佛不是佛，莫作佛解。若不見此義，一切時中，一切處處，皆是不了本心。若不見性，一切時中擬作無作想，是大罪人，是癡人，落無記空中；昏昏如醉人，不辨好惡。若擬修無作法，先須見性，然後息緣慮。若不見性得成佛道，無有是處。有人撥無因果，熾然作惡業，妄言本空，作惡無過；如此之人，墮無間黑暗地獄，永無出期。若是智人，不應作如是見解。

問曰：既若施爲運動，一切時中皆是本心；色身無常之時，云何不見本心？答曰：本心常現前，汝自不見？問曰：心既見在，何故不見？師曰：汝曾作夢否？答：曾作夢。問曰：汝作夢之時，是汝本身否？答：是本身。又問：汝言語施爲運動與汝別不別？答曰：不別。師曰：既若不別，即此身是汝本法身；即此法身是汝本心。此心從無始曠大劫來，與如今不別；未曾有生死，不生不滅。不增不減，不垢不淨，不好不惡，不來不去；亦無是非、亦無男女相、亦無僧俗老少、無聖無凡；亦無佛、亦無衆生、亦無修證、亦無因果亦無筋力、亦無相貌；猶如虛空，取不得、捨不得，山河石壁不能爲礙；出沒往來，自在神通；透五蘊山，渡生死河；一切業拘此法身不得。此心微妙難見，此心不同色心，此心是人皆欲得見。於此光明中運手動足者，如恆河沙，及乎問著，總道不得，猶如木人相似，總是自己受用，因何不識？佛言一切衆生，盡是迷人，因此作業，墮生死河，欲出還沒，只爲不見性。衆生若不迷，因何問著其中事，無有一人得會者，自家運手動足因何不識。故知聖人語不錯，迷人自不會曉。故知此難明，惟佛一人能會此法；餘人天及衆生等，盡不明了。若智慧明了，此心號名法性，亦名解脫。生死不拘，一切法拘它不得，是名大自在王如來；亦名不思議，亦名聖體，亦名長生不死，亦名大仙。名雖不同，體即是一。聖人種種分別，皆不離自心。心量廣大，應用無窮，應眼見色，應耳聞聲，應鼻嗅香，應舌知味，乃至施爲運動，皆是自心。一切時中但有語言道斷，即是自心。故云如來色無盡，智慧亦復然。色無盡是自心，心識善能分別一切，乃至施爲運用，皆是智慧。心無形相，智慧亦無盡。故云如來色無盡，智慧亦復然。四大色身，即是煩惱，色身即有生滅，法身常住無所住，如來法身常不變異故。經云：衆生應知，佛性本自有之。迦葉只是悟得本性，本性即是心，心即是性，性即此同諸佛心。前佛後佛只傳此心，除此心外，無佛可得。顛倒衆生不知自心是佛，向外馳求，終日忙忙；念佛禮佛，佛在何處？不應作如是等見，但知自心，心外更無別佛。經云：凡所有相，皆是虛妄。又云：所在之處，即爲有佛。自心是佛，不應將佛禮佛；但是有佛及菩薩相貌，忽爾見前，切不用禮敬。我心空寂，本無如是相貌，若取相即是魔，盡落邪道。若是幻從心起，即不用禮。禮者不知，知者不禮，禮被魔攝。恐學人不知，故作是辨。諸佛如來本性體上，都無如是相貌，切須在意。但有異境界切不用採括，亦莫生怕怖，不要疑惑，我心本來清淨，何處有如許相貌。乃至天龍夜叉鬼神帝釋梵王等相，亦不用心生敬重，亦莫怕懼；我心本來空寂，一切相貌皆是妄見，但莫取相。若起佛見法見，及佛菩薩等相貌，而生敬重，自墮衆生位中。若欲直會，但莫取一切相即得，更無別語。故經云：凡所有相，皆是虛妄。都無定實，幻無定相。是無常法，但不取相，合它聖意。故經云：離一切相，即名諸佛。

問曰：因何不得禮佛菩薩等？答曰：天魔波旬阿修羅示見神通，皆作得菩薩相貌。種種變化，是外道，總不是佛。佛是自心，莫錯禮拜。佛是西國語，此土云覺性。覺者靈覺，應機接物，揚眉瞬目，運手動足，皆是自己靈覺之性。性即是心，心即是佛，佛即是道，道即是禪。禪之一字，非凡聖所測。又云：見本性爲禪。若不見本性，即非禪也。假使說得千經萬論，若不見本性，只是凡夫，非是佛法。至道幽深，不可話會，典教憑何所及。但見本性，一字不識亦得。見性即是佛，聖體本來清淨，無有雜穢。所有言說，皆是聖人從心起用。用體本來空，名言猶不及，十二部經憑何得及。道本圓成，不用修證。道非聲色，微妙難見。如人飲水，冷暖自知，不可向人說也。唯有如來能知，餘人天等類，都不覺知。凡夫智不及，所以有執相。不了自心本來空寂，妄執相及一切法即墮外道。若知諸法從心生，不應有執，執即不知。若見本性，十二部經總是閑文字。千經萬論只是明心，言下契會，教將何用？至理絕言；教是語詞，實不是道。道本無言，言說是妄。若夜夢見樓閣宮殿象馬之屬，及樹木叢林池亭如是等相；不得起一念樂著，盡是托生之處，切須在意。臨終之時，不得取相，即得除障。疑心瞥起，即魔攝。法身本來清淨無受，只緣迷故不覺不知，因茲故妄受報。所以有樂著，不得自在。只今若悟得本來身心，即不染習。若從聖入凡，示見種種雜類，自爲衆生，故聖人逆順皆得自在，一切業拘它不得。聖成久有大威德，一切品類業，被它聖人轉，天堂地獄無奈何它。凡夫神識昏昧，不同聖人，內外明徹。若有疑即不作，作即流浪生死，後悔無相救處。貧窮困苦皆從妄想生，若了是心，遞相勸勉，但無作而作，即入如來知見。

初發心人，神識總不定；若夢中頻見異境，輒不用疑，皆是自心起故，不從外來。夢若見光明出現，過於日輪，即餘習頓盡，法界性見。若有此事，即是成道之因。唯自知，不可向人說。或靜園林中行住坐臥，眼見光明，或大或小，莫與人說，亦不得取，亦是自性光明。或夜靜暗中行住坐臥，眼睹光明，與晝無異，不得怪，並是自心欲明顯。或夜夢中見星月分明，亦自心諸緣欲息，亦不得向人說。夢若昏昏，猶如陰暗中行，亦是自心煩惱障重，亦自知。若見本性，不用讀經念佛，廣學多知無益，神識轉昏。設教只爲標心；若識心，何用看教？若從凡入聖，即須息業養神，隨分過日。若多嗔恚，令性轉與道相違，自賺無益。聖人於生死中，自在出沒，隱顯不定，一切業拘它不得。聖人破邪魔，一切衆生但見本性，餘習頓滅。神識不昧，須是直下便會，只在如今。欲眞會道，莫執一切法，息業養神，餘習亦盡。自然明白，不假用功。外道不會佛意，用功最多；違背聖意，終日驅驅念佛轉經，昏於神性，不免輪迴，佛是閑人，何用驅驅廣求名利，後時何用？但不見性人，讀經念佛，長學精進；六時行道，長坐不臥；廣學多聞，以爲佛法。此等衆生，盡是謗佛法人。前佛後佛，只言見性。諸行無常，若不見性，妄言我得阿耨菩提，此是大罪人。十大弟子阿難多聞中得第一，於佛無識只學多聞，二乘外道皆無識佛，識數修證，墮在因果中。是衆生業報，不免生死，遠背佛意，即是謗佛衆生，殺卻無罪過。經云：闡提人不生信心，殺欲無罪過。若有信心，此人是佛位人。若不見性，即不用取次謗它良善，自賺無益。善惡歷然，因果分明。天堂地獄只在眼前，愚人不信，現墮黑暗地獄中；亦不覺不知，只緣業重故，所以不信。譬如無目人，不信道有光明，縱向伊說亦不信，只緣盲故，憑何辨得日光；愚人亦復如是。現今墮畜生雜類，誕在貧窮下賤，求生不得，求死不得。雖受是苦，直問著亦言我今快樂，不異天堂。故知一切衆生，生處爲樂，亦不覺不知。如斯惡人，只緣業障重故，所以不能發信心者，不自由它也。若見自心是佛，不在剃除鬚髮，白衣亦是佛。若不見性，剃除鬚髮，亦是外道。

問曰：白衣有妻子，婬欲不除，憑何得成佛？答曰：只言見性不言婬欲。只爲不見性，但得見性，婬欲本來空寂，自爾斷除，亦不樂著，縱有餘習，不能爲害。何以故？性本清淨故。雖處在五蘊色身中，其性本來清淨，染污不得。法身本來無受，無飢無渴，無寒熱，無病，無恩愛，無眷屬，無苦樂，無好惡，無短長，無強弱，本來無有一物可得；只緣執有此色身，因即有飢渴寒熱瘴病等相，若不執，即一任作。若於生死中得自在，轉一切法，與聖人神通自在無礙，無處不安。若心有疑，決定透一切境界不過。不作最好，作了不免輪迴生死。若見性，旃陀羅亦得成佛。

問曰：旃陀羅殺生作業，如何得成佛？答曰：只言見性不言作業。縱作業不同，一切業拘不得。從無始曠大劫來，只爲不見性，墮地獄中，所以作業輪迴生死。從悟得本性，終不作業。若不見性，念佛免報不得，非論殺生命。若見性疑心頓除，殺生命亦不奈它何。自西天二十七祖，只是遞傳心印。吾今來此土，唯傳頓教大乘，即心是佛，不言持戒精進苦行。乃至入水火，登於劍輪，一食長坐不臥，盡是外道有爲法。若識得施爲運動靈覺之性，汝即諸佛心。前佛後佛只言傳心，更無別法。若識此法，凡夫一字不識亦是佛。若不識自己靈覺之性，假使身破如微塵，覓佛終不得也。佛者亦名法身，亦名本心，此心無形相，無因果，無筋骨，猶如虛空，取不得。不同質礙，不同外道。此心除如來一人能會，其餘衆生迷人不明了。此心不離四大色身中，若離是心，即無能運動。是身無知，如草木瓦礫。身是無性，因何運動。若自心動，乃至語言施爲運動，見聞覺知，皆是動心動用。動是心動，動即其用。動用外無心，心外無動。動不是心，心不是動。動本無心，心本無動。動不離心，心不離動。動無心離，心無動離，動是心用，用是心動。動即心用，用即心動。不動不用，用體本空。空本無動，動用同心，心本無動。故經云：動而無所動，終日去來而未曾去，終日見而未曾見，終日咲而未曾咲，終日聞而未曾聞，終日知而未曾知，終日喜而未曾喜，終日行而未曾行，終日住而未曾住。故經云：言語道斷，心行處滅，見聞覺知，本自圓寂。乃至嗔喜痛癢何異木人，只緣推尋痛癢不可得。故經云：惡業即得苦報，善業即有善報，不但嗔墮地獄，喜即生天。若知嗔喜性空，但不執即業脱。若不見性，講經決無憑，説亦無盡。略標邪正如是，不及一二也。

頌曰

心心心難可尋，寬時徧法界，窄也不容針。我本求心不求佛，了知三界空無物。若欲求佛但求心，只這心這心是佛。我本求心心自持，求心不得待心知。佛性不從心外得，心生便是罪生時。

偈曰

吾本來此土。　傳法救迷情。
一華開五葉。　結果自然成。

達磨大師血脈論終

達磨悟性論

達磨祖師著

達磨大師悟性論

渝州華巖寺沙門釋宗鏡　校刻

夫道者；以寂滅爲體。修者；以離相爲宗。故經云：寂滅是菩提，滅諸相故。佛者覺也；人有覺心，得菩提道，故名爲佛。經云：離一切諸相，即名諸佛。是知有相，是無相之相。不可以眼見，唯可以智知。若聞此法者，生一念信心，此人以發大乘超三界。三界者：貪嗔癡是。返貪嗔癡爲戒定慧，即名超三界。然貪嗔癡亦無實性，但據衆生而言矣。若能返照，了了見貪嗔癡性即是佛性，貪嗔癡外更無別有佛性。經云：諸佛從本來常處於三毒，長養於白法，而成於世尊。三毒者：貪嗔癡也。言大乘最上乘者，皆是菩薩所行之處，無所不乘，亦無所乘，終日乘未嘗乘，此爲佛乘。經云：無乘爲佛乘也。若人知六根不實，五蘊假名，遍體求之，必無定處，當知此人解佛語。經云：五蘊窟宅名禪院。内照開解即大乘門，可不明哉。不憶一切法，乃名爲禪定。若了此言者，行住坐臥皆禪定。知心是空，名爲見佛。何以故？十方諸佛皆以無心，不見於心，名爲見佛。捨身不恡，名大布施。離諸動定，名大坐禪。何以故？凡夫一向動，小乘一向定，謂出過凡夫小乘之坐禪，名大坐禪。若作此會者，一切諸相不求自解，一切諸病不治自差，此皆大禪定力。凡將心求法者爲迷，不將心求法者爲悟。不著文字名解脫；不染六塵名護法；出離生死名出家；不受後有名得道；不生妄想名涅槃；不處無明爲大智慧；無煩惱處名般涅槃；無心相處名爲彼岸。迷時有此岸，若悟時無此岸。何以故？爲凡夫一向住此。若覺最上乘者，心不住此，亦不住彼，故能離於此彼岸也。若見彼岸異於此岸，此人之心，已得無禪定。煩惱名衆生，悟解名菩提，亦不一不異，只隔具迷悟耳。迷時有世間可出，悟時無世間可出。平等法中，不見凡夫異於聖人。經云：平等法者，凡夫不能入，聖人不能行。平等法者，唯有大菩薩與諸佛如來行也。若見生異於死，動異於靜，皆名不平等。不見煩惱異於涅槃，是名平等。何以故？煩惱與涅槃，同是一性空故。是以小乘人妄斷煩惱，妄入涅槃，爲涅槃所滯。菩薩知煩惱性空，即不離空，故常在涅槃。涅槃者：涅而不生，槃而不死，出離生死，出般涅槃。心無去來，即入涅槃。是知涅槃即是空心。諸佛入涅槃者，爲在無妄想處。菩薩入道場者，即是無煩惱處。空閑處者，即是無貪嗔癡也。貪爲欲界、嗔爲色界、癡爲無色界，若一念心生，即入三界；一念心滅，即出三界。是知三界生滅，萬法有無，皆由一心。凡言一法者：似破瓦石竹木無情之物。若知心是假名，無有實體．即知自家之心亦是非有，亦是非無。何以故？凡夫一向生心，名爲有；小乘一向滅心，名爲無；菩薩與佛未曾生心，未曾滅心，名爲非有非無心；非有非無心，此名爲中道。是知持心學法，則心法俱迷；不持心學法，則心法俱悟。凡迷者：迷於悟，悟者：悟於迷。正見之人，知心空無，即超迷悟。無有迷悟，始名正解、正見。色不自色，由心故色；心不自心，由色故心；是知心色兩相俱生滅。有者有於無，無者無於有，是名眞見。夫眞見者，無所不見，亦無所見，見滿十方，未曾有見。何以故？無所見故，見無見故，見非見故。凡夫所見，皆名妄想。若寂滅無見，始名眞見。心境相對，見生於中，若内不起心，則外不生境，境心俱淨，乃名爲眞見。作此解時，乃名正見。不見一切法，乃名得道；不解一切法，乃名解法。何以故？見與不見，俱不見故；解與不解，俱不解故。無見之見，乃名眞見；無解之解，乃名大解。夫正見者：非直見於見，亦乃見於不見。眞解者：非直解於解，亦乃解於無解。凡有所解，皆名不解；無所解者，始名正解；解與不解，俱非解也。經云：不捨智慧名愚癡。以心爲空，解與不解俱是眞；以心爲有，解與不解俱是妄。若解時法逐人，若不解時人逐法。若法逐於人，則非法成法；若人逐於法，則法成非法。若人逐於法，則法皆妄；若法逐於人，則法皆眞。是以聖人亦不將心求法，亦不將法求心，亦不將心求心，亦不將法求法。

所以心不生法，法不生心，心法兩寂，故常爲在定。衆生心生，則佛法滅；衆生心滅，則佛法生。心生則眞法滅，心滅則眞法生。已知一切法各各不相屬，是名得道人。知心不屬一切法，此人常在道場。迷時有罪，解時無罪。何以故？罪性空故。若迷時無罪見罪，若解時即罪非罪。何以故？罪無處所故。經云：諸法無性，眞用莫疑，疑即成罪。何以故？罪因疑惑而生。若作此解者，前世罪業即爲消滅。迷時六識五陰皆是煩惱生死法，悟時六識五陰皆是涅槃無生死法。修道人不外求道。何以故？知心是道；若得心時，無心可得；若得道時，無道可得。若言將心求道得者，皆名邪見。迷時有佛有法，悟無佛無法。何以故？悟即是佛法。夫修道者：身滅道成。亦如甲折樹。生此業報身，念念無常，無一定法，但隨念修之；亦不得厭生死，亦不得愛生死；但念念之中，不得妄想；則生證有餘涅槃，死入無生法忍。眼見色時，不染於色；耳聞聲時，不染於聲；皆解脫也。眼不著色，眼爲禪門；耳不著聲，耳爲禪門。總而言，見色有見色性，不著常解脫；見色相者常繫縛。不爲煩惱所繫縛者，即名解脫，更無別解脫。善觀色者，色不生心，心不生色，即色與心俱清淨。無妄想時，一心是一佛國，有妄想時，一心是一地獄。衆生造作妄想，以心生心，故常在地獄。菩薩觀察妄想，不以心生心，常在佛國。若不以心生心，則心心入空，念念歸靜，從一佛國至一佛國。若以心生心，則心心不靜，念念歸動，從一地獄歷一地獄。若一念心起，則有善惡二業，有天堂地獄；若一念心不起，即無善惡二業，亦無天堂地獄。爲體非有非無，在凡即有，在聖即無。聖人無其心，故胸臆空洞，與天同量。此已下並是大道中證，非小乘及凡夫境界也。心得涅槃時，即不見有涅槃。何以故？心是涅槃。若心外更見涅槃，此名著邪見也。一切煩惱爲如來種心，爲因煩惱而得智慧。只可道煩惱生如來，不可得道煩惱是如來。故身心爲田疇，煩惱爲種子，智慧爲萌芽，如來喻於穀也。佛在心中，如香在樹中；煩惱若畫，佛從心出；朽腐若畫，香從樹出。即知樹外無香，心外無佛。若樹外有香，即是他香；心外有佛，即是他佛。心中有三毒者，是名國土穢惡；心中無三毒者，是名國土清淨。經云：若使國土不淨，穢惡充滿，諸佛世尊於中出者，無有此事。不淨穢惡者，即無明三毒是；諸佛世尊者，即清淨覺悟心是。一切言語無非佛法；若能無其所言，而盡日言是道；若能有其所言，即終日默而非道。是故如來言不乘默，默不乘言，言不離默；悟此言默者，皆在三昧。若知時而言，言亦解脫；若不知時而默，默亦繫縛。是故言若離相，言亦名解脫；默若著相，默即是繫縛。夫文字者：

本性解脫。文字不能就繫縛，繫縛自本來未就文字。法無高下，若見高下非法也。非法爲筏，是法爲人筏者。人乘其筏者，即得渡於非法，則是法也。若世俗言，即有男女貴賤；以道言之，即無男女貴賤。以是天女悟道，不變女形；車匿解眞，寧移賤稱乎。此蓋非男女貴賤，皆由一相也。天女於十二年中，求女相了不可得，即知於十二年中，求男相亦不可得。十二年者，即十二入是也。離心無佛，離佛無心；亦如離水無冰，亦如離冰無水。凡言離心者，非是遠離於心，但使不著心相。經云：不見相，名爲見佛。即是離心相也。離佛無心者；言佛從心出，心能生佛。然佛從心生，而心未嘗生於佛。亦如魚生於水，水不生於魚。欲觀於魚，未見魚，而先見水。欲觀佛者，未見佛，而先見心。即知已見魚者，忘於水；已見佛者，忘於心。若不忘於心，尚爲心所惑；若不忘於水，尚被水所迷。衆生與菩提，亦如冰之與水，爲三毒所燒，即名衆生；爲三解脫所淨，即名菩提。爲三冬所凍，即名爲冰；爲三夏所消，即名爲水。若捨卻冰，即無別水；若棄卻衆生，則無別菩提。明知冰性即是水性，水性即是冰性。衆生性者，即菩提性也。衆生與菩提同一性，亦如烏頭與附子共根耳；但時節不同，迷異境故，有衆生菩提二名矣。是以蛇化爲龍，不改其鱗；凡變爲聖，不改其面。但知心者智內，照身者戒外。眞衆生度佛，佛度衆生，是名平等。衆生度佛者，煩惱生悟解。佛度衆生者，悟解滅煩惱，是知非無煩惱，非無悟解；是知非煩惱無以生悟解，非悟解無以滅煩惱。若迷時佛度衆生，若悟時衆生度佛。何以故？佛不自成，皆由衆生度故。諸佛以無明爲父，貪愛爲母，無明貪愛皆是衆生別名也。衆生與無明，亦如左掌與右掌，更無別也。迷時在此岸，悟時在彼岸。若知心空不見相，則離迷悟；既離迷悟，亦無彼岸。如來不在此岸，亦不在彼岸，不在中流。中流者，小乘人也；此岸者，凡夫也。彼岸菩提也。佛有三身者；化身報身法身；化身亦云應身。若衆生常作善時即化身，現修智慧時即報身，現覺無爲即法身。常現飛騰十方隨宜救濟者，化身佛也。若斷惑即是雪山成道，報身佛也。無言無說，無作無得，湛然常住，法身佛也。若論至理一佛尚無，何得有三？此謂三身者，但據人智也。人有上中下說，下智之人妄興福力也，妄見化身佛；中智之人妄斷煩惱，妄見報身佛；上智之人妄證菩提，妄見法身佛；上上智之人內照圓寂，明心即佛不待心而得佛智，知三身與萬法皆不可取不可說，此即解脫心，成於大道。經云：佛不說法，不度衆生，不證菩提。此之謂矣！衆生造業，業不造衆生。今世造業，後世受報，無有脫時。唯有至人，於此身中，不造諸業，故不受報。經云：諸業不造，自然得道。豈虛言哉！人能造業，業不能造人；人若造業，業與人俱生；人若不造業，業與人俱滅。是知業由人造，人由業生。人若不造業，即業無由生人也。亦如人能弘道，道不能弘人。今之凡夫，往往造業，妄說無報，豈至少不苦哉。若以至少而理前心，造後心報，何有脫時？若前心不造，即後心無報，復安妄見業報？經云：雖信有佛，言佛苦行，是名邪見。雖信有佛，言佛有金鏘馬麥之報，是名信不具足，是名一闡提。解聖法名為聖人，解凡法者名為凡夫。但能捨凡法就聖法，即凡夫成聖人矣。世間愚人，但欲遠求聖人，不信慧解之心為聖人也。經云：

無智人中，莫說此經。經云：心也法也，無智之人，不信此心。解法成於聖人，但欲遠外求學，愛慕空中佛像光明香色等事，皆墮邪見，失心狂亂。經云：若見諸相非相，即見如來。八萬四千法門，盡由一心而起。若心相內淨，猶如虛空，即出離身心內，八萬四千煩惱爲病本也。凡夫當生憂死，飽臨愁飢，皆名大惑。所以聖人不謀其前，不慮其後，無戀當今，念念歸道。若未悟此大理者，即須早求人天之善，無令兩失。

夜坐偈云

一更端坐結跏趺。　怡神寂照泯同虛。

曠劫由來不生滅。　何須生滅滅無餘。
一切諸法皆如幻。　本性自空那用除。
若識心性非形像。　湛然不動自眞如。
二更凝神轉明淨。　不起憶想同眞性。
森羅萬像併歸空。　更執有空還是病。
諸法本自非空有。　凡夫妄想論邪正。
若能不二其居懷。　誰道即凡非是聖。
三更心淨等虛空。　遍滿十方無不通。
山河石壁無能障。　恆沙世界在其中。
世界本性眞如性。　亦無無性即含融。

非但諸佛能如此。有情之類並皆同。
四更無滅亦無生。量與虛空法界平。
無去無來無起滅。非有非無非暗明。
不起諸見如來見。無名可名眞佛名。
唯有悟者應能識。未會衆生由若盲。
五更般若照無邊。不起一念歷三千。
欲見眞如平等性。愼勿生心即目前。
妙理玄奧非心測。不用尋逐令疲極。
若能無念即眞求。更若有求還不識。

達磨大師悟性論終

達磨破相論

達磨祖師著

達磨大師破相論

渝州華巖寺沙門釋宗鏡　校刻

論曰：若復有人志求佛道者，當修何法最爲省要？答曰：唯觀心一法，總攝諸法，最爲省要。問曰：何一法能攝諸法？答曰：心者萬法之根本，一切諸法唯心所生；若能了心，則萬法俱備；猶如大樹，所有枝條及諸花果，皆悉依根。栽樹者，存根而始生子；伐樹者，去根而必死。若了心修道，則少力而易成；不了心而修，費功而無益。故知一切善惡皆由自心。心外別求，終無是處。

問曰：云何觀心稱之爲了？答：菩薩摩訶薩，行深般若波羅蜜多時，了四大五陰本空無我；了見自心起用，有二種差別。云何爲二？一者淨心，二者染心。此二種心法，亦自然本來俱有；雖假緣合，互相因待。淨心恆樂善因，染體常思惡業。若不受所染，則稱之爲聖。遂能遠離諸苦，證涅槃樂。若墮染心，造業受其纏覆，則名之爲凡，沈淪三界，受種種苦。何以故？由彼染心，障眞如體故。十地經云：衆生身中有金剛佛性，猶如日輪，體明圓滿，廣大無邊；只爲五陰重雲所覆，如缾內燈光，不能顯現。又涅槃經云：一切衆生悉有佛性，無明覆故，不得解脫。佛性者，即覺性也。但自覺覺他，覺知明了，則名解脫。故知一切諸善，以覺爲根；因其覺根，遂能顯現諸功德樹。涅槃之果德，因此而成。如是觀心，可名爲了。

問：上説眞如佛性，一切功德，因覺爲根，未審無明之心，以何爲根？答：無明之心，雖有八萬四千煩惱情欲，及恆河沙衆惡，皆因三毒以爲根本。其三毒者，貪嗔癡是也。此三毒心，自能具足一切諸惡。猶如大樹，根雖是一，所生枝葉其數無邊。彼三毒根，一一根中，生諸惡業百千萬億，倍過於前，不可爲喻。如是三毒心，於本體中，應現六根，亦名六賊，即六識也。由此六識，出入諸根，貪著萬境，能成惡業，障眞如體，故名六賊。一切衆生，由此三毒六賊，惑亂身心，沈沒生死，輪迴六趣，受諸苦惱；猶如江河，因小泉源，泊流不絶，乃能彌漫，波濤萬里。若復有人斷其本源，即衆流皆息。求解脫者，能轉三毒爲三聚淨戒，轉六賊爲六波羅蜜，自然永離一切諸苦。

問：六趣三界廣大無邊，若唯觀心，何由免無窮之苦？答：三界業報，唯心所生；本若無心，於三界中，即出三界。其三界者，即三毒也；貪爲欲界，嗔爲色界，癡爲無色界，故名三界。由此三毒，造業輕重，受報不同，分歸六處，故名六趣。

問：云何輕重分之爲六？答：衆生不了正因，迷心修善，未免三界，生三輕趣。云何三輕趣？所謂迷修十善，妄求快樂，未免貪界，生於天趣。迷持五戒，妄起愛憎，未免瞋界，生於人趣。迷執有爲，信邪求福，未免癡界，生阿修羅趣。如是三類，名三輕趣。云何三重？所謂縱三毒心，唯造惡業，墮三重趣。若貪業重者，墮餓鬼趣；瞋業重者，墮地獄趣；癡業重者，墮畜生趣。如是三重，通前三輕，遂成六趣。故知一切苦業由自心生，但能攝心，離諸邪惡，三界六趣輪迴之苦，自然消滅離苦，即得解脫。

問：如佛所說，我於三大阿僧祇劫，無量勤苦，方成佛道。云何今說，唯只觀心，制三毒，即名解脫？答：佛所說言，無虛妄也。阿僧祇劫者，即三毒心也；胡言阿僧祇，漢名不可數。此三毒心，於中有恒沙惡念，於一一念中，皆爲一劫；如是恒沙不可數也，故言三大阿僧祇。眞如之性，既被三毒之所覆蓋，若不超彼三大恒沙毒惡之心，云何名爲解脱？今若能轉貪嗔癡等三毒心，爲三解脱，是則名爲得度三大阿僧祇劫。末世衆生愚癡鈍根，不解如來三大阿僧祇秘密之説，遂言成佛塵劫未期，豈不疑誤行人退菩提道。

問：菩薩摩訶薩由持三聚淨戒，行六波羅蜜，方成佛道；今令學者唯只觀心，不修戒行，云何成佛？答：三聚淨戒者，即制三毒心也。制三毒成無量善聚。聚者會也，無量善法普會於心，故名三聚淨戒。六波羅蜜者，即淨六根也。胡名波羅蜜，漢名達彼岸，以六根清淨，不染六塵，即是度煩惱河，至菩提岸。故名六波羅蜜。

問：如經所說，三聚淨戒者，誓斷一切惡、誓修一切善、誓度一切衆生。今者唯言制三毒心，豈不文義有乖也？答：佛所說是眞實語。菩薩摩訶薩，於過去因中修行時，爲對三毒，發三誓願，持一切淨戒。對於貪毒，誓斷一切惡，常修一切善；對於瞋毒，誓度一切衆生；故常修慧；對於癡毒，由持如是戒定慧等三種淨法，故能超彼三毒成佛道也。諸惡消滅，名爲斷。以能持三聚淨戒，則諸善具足，名之爲修。以能斷惡修善，則萬行成就，自它俱利，普濟羣生，故名解脫。則知所修戒行不離於心，若自心清淨，則一切佛土皆悉清淨。故經云：心垢則衆生垢，心淨則衆生淨；欲得佛土，當淨其心，隨其心淨，則佛土淨也。三聚淨戒自然成就。

問曰：如經所說，六波羅蜜者，亦名六度；所謂布施持戒忍辱精進禪定智慧。今言六根清淨，名波羅蜜者，若爲通會。又六度者，其義如何？答：欲修六度，當淨六根，先降六賊。能捨眼賊，離諸色境，名爲布施；能禁耳賊，於彼聲塵，不令縱逸，名爲持戒；能伏鼻賊，等諸香臭，自在調柔，名爲忍辱；能制口賊，不貪諸味，讚詠講說，名爲精進；能降身賊，於諸觸慾，湛然不動，名爲禪定；能調意賊，不順無明，常修覺慧，名爲智慧。六度者運也，六波羅蜜喻若船筏，能運衆生，達於彼岸，故名六度。

問：經云：釋迦如來，爲菩薩時，曾飲三斗六升乳糜，方成佛道。先因飲乳，後證佛果，豈唯觀心得解脱也？答：成佛如此，言無虛妄也；必因食乳，然始成佛。言食乳者，有二種，佛所食者，非是世間不淨之乳，乃是清淨法乳；三斗者，三聚淨戒，六升者，六波羅蜜；成佛道時，由食如是清淨法乳，方證佛果。若言如來食於世間和合不淨牛羶腥乳，豈不謗誤之甚。眞如者，自是金剛不壞，無漏法身，永離世間一切諸苦；豈須如是不淨之乳，以充飢渴。經所說，其牛不在高原，不在下溼，不食穀麥糠麩，不與牸牛同羣；其牛身作紫磨金色，言牛者，毗盧舍那佛也。以大慈悲，憐愍一切，故於清淨法體中，出如是三聚淨戒六波羅蜜微妙法乳，養育一切求解脱者。如是眞淨之牛，清淨之乳，非但如來飲之成道，一切衆生若能飲者，皆得阿耨多羅三藐三菩提。

問：經中所説，佛令衆生修造伽藍，鑄寫形像，燒香散花燃燈，晝夜六時遶塔行道，持齋禮拜，種種功德皆成佛道；若唯觀心，總攝諸行，説如是事，應虛空也。答：佛所説經，有無量方便，以一切衆生鈍根狹劣，不悟甚深之義，所以假有爲，喻無爲；若復不修內行，唯只外求，希望獲福，無有是處。

言伽藍者：西國梵語，此土翻爲清淨地也；若永除三毒，常淨六根，身心湛然，内外清淨，是名修伽藍。鑄寫形像者：即是一切衆生求佛道也；所爲修諸覺行，彷像如來眞容妙相，豈遣鑄寫金銅之所作也？是故求解脱者，以身爲爐，以法爲火，以智慧爲巧匠，三聚淨戒、六波羅蜜以爲模樣；鎔鍊身中眞如佛性，遍入一切戒律模中，如教奉行，一無漏缺，自然成就眞容之像。所謂究竟常住微妙色身，非是有爲敗壞之法。若人求道，不解如是鑄寫眞容，憑何輒言功德？燒香者：亦非世間有相之香，乃是無爲正法之香也；薰諸臭穢無明惡業，悉令消滅。其正法香者，有其五種：一者戒香，所謂能斷諸惡，能修諸善。二者定香，所謂深信大乘，心無退轉。三者慧香，所謂常於身心，內自觀察。四者解脫香，所謂能斷一切無明結縛。五者解脫知見香，所謂觀照常明，通達無礙。如是五種香，名爲最上之香，世間無比。佛在世日，令諸弟子以智慧火燒如是無價珍香，供養十方諸佛。今時衆生不解如來眞實之義，唯將外火燒世間沈檀薰陸質礙之香，希望福報，云何得？散花者義亦如是；所謂常說正法，諸功德花，饒益有情，散沾一切；於眞如性，普施莊嚴。此功德花，佛所讚歎，究竟常住，無彫落期。若復有人散如是花，獲福無量。若言如來令衆生，剪截繒彩，傷損草木，以爲散花，無有是處。所以者何？持淨戒者，於諸大地森羅萬像，不令觸犯；誤犯者，猶獲大罪，況復今者。故毀淨戒，傷萬物求於福報，欲益返損，豈有是乎？又長明燈者：即正覺心也，以覺明了，喻之爲燈；是故一切求解脱者，以身爲燈臺，心爲燈炷，增諸戒行，以爲添油；智慧明達，喻如燈火。當燃如是眞正覺燈，照破一切無明癡暗，能以此法，轉相開示，即是一燈燃百千燈，以燈續然，然燈無盡，故號長明。過去有佛，名曰然燈，義亦如是。愚癡衆生，不會如來方便之說，專行虛妄，執著有爲，遂燃世間蘇油之燈，以照空室，乃稱依教，豈不謬乎！所以者何？佛放眉間一毫相光，上能照萬八千世界，豈假如是蘇油之燈，以爲利益。審察斯理，應不然乎！又六時行道者：所謂六根之中，於一切時，常行佛道，修諸覺行，調伏六根，長時不捨，名爲六時。遶塔行道者：塔是身心也，當令覺慧巡遶身心，念念不停，名爲遶塔。過去諸聖，皆行此道，得至涅槃。今時世人，不會此理，曾不內行，唯執外求；將質礙身，遶世間塔，日夜走驟，徒自疲勞，而於眞性，一無利益。又持齋者：當須會意，不達斯理，徒爾虛切。齋者齊也，所謂齊正身心，不令散亂。持者護也，所謂於諸戒行，如法護持。必須外禁六情，內制三毒，勤覺察、淨身心。了如是義，名爲持齋。又持齋者，食有五種：一者法喜食，所謂依持正法，歡喜奉行。二者禪悅食，所謂內外澄寂，身心悅樂。三者念食，所謂常念諸佛，心口相應。四者願食，所謂行住坐臥，常求善願。五者解脫食，所謂心常清淨，不染俗塵。此五種食，名爲齋食。若復有人，不食如是五種淨食，自言持齋，無有是處。唯斷於無明之食。若輒觸者，名爲破齋。若有破，云何獲福？世有迷人，不悟斯理，身心放逸，諸惡皆爲；貪慾恣情，不生慚愧，唯斷外食，自爲持齋，必無是事。又禮拜者：當如是法也，必須理體內明，事隨權變，理有行藏，會如是義，乃名依法。夫禮者敬也，拜者伏也；所謂恭敬眞性，屈伏無明，名爲禮拜。若能惡情永滅，善念恆存，雖不現相，名爲禮拜。其相即法相也。世尊欲令世俗表謙下心，亦爲禮拜；故須屈伏外身，示内恭敬。擧外明内，性相相應。若復不行理法，唯執外求，内則放縱瞋癡，常爲惡業，外即空勞身相，詐現威儀，無慚於聖，徒誑於凡，不免輪迴，豈成功德。問：如溫室經說，洗浴衆僧，獲福無量。此則憑於事法，功德始成，若爲觀心可相應否？答：洗浴衆僧者，非洗世間有爲事也。世尊當爾爲諸弟子說溫室經，欲令受持洗浴之法；故假世事，比喻眞宗。隱說七事供養功德，其七事云何？一者淨水。二者燒火。三者澡豆。四者楊枝。五者淨灰。六者蘇膏。七者内衣。以此七法喻於七事，一切衆生由此七法，沐浴莊嚴，能除毒心無明垢穢。其七法者：一者謂淨戒洗蕩僣非，猶如淨水濯諸塵垢。二者智慧觀察內外，猶如然火能溫淨水。三者分別簡棄諸惡，猶如澡豆能淨垢膩。四者眞實斷諸妄想，如嚼楊枝能淨口氣。五者正信決定無疑，猶如淨灰摩身能辟諸風。六者謂柔和忍辱，猶如蘇膏通潤皮膚。七者謂慚愧悔諸惡業，猶如內衣遮醜形體。如上七法，是經中秘密之義。如來當爾爲諸大乘利根者說，非爲小智下劣凡夫，所以今人無能解悟。其溫室者，即身是也。所以燃智慧火，溫淨戒湯，沐浴身中，眞如佛性，受持七法，以自莊嚴。當爾比丘，聰明上智，皆悟聖意，如說修行，功德成就，俱登聖果。今時衆生，莫測其事，將世間水洗質礙身，自謂依經，豈非誤也。且眞如佛性，非是凡形，煩惱塵垢，本來無相，豈可將質礙水，洗無爲身？事不相應，云何悟道？若欲身得淨者，當觀此身，本因貪欲，不淨所生，臭穢駢闐，內外充滿。若也洗此身求於淨者，猶如壍壍盡方淨，以此驗之，明知洗外非佛說也。

問：經說言至心念佛，必得往生西方淨土。以此一門即應成佛，何假觀心？求於解脫。答：夫念佛者，當須正念，了義爲正，不了義爲邪。正念必得往生，邪念云何達彼？佛者覺也，所謂覺察身心，勿令起惡；念者憶也，所謂憶持戒行不忘，精進勤了。如是義，名爲念。故知念在於心，不在於言。因筌求魚，得魚忘筌；因言求意，得意忘言。既稱念佛之名，須知念佛之道。若心無實，口誦空名，三毒内臻，人我填臆，將無明心不見佛，徒爾費功。且如誦之與念，義理懸殊，在口曰誦，在心曰念。故知念從心起，名爲覺行之門；誦在口中，即是音聲之相。執相求理，終無是處。故知過去諸聖所修，皆非外說，唯只推心。即心是衆善之源，即心爲萬德之主。涅槃常樂，由息心生。三界輪迴，亦從心起。心是一世之門户，心是解脱之關津。知門户者，豈慮難成？知關津者，何憂不達？竊見今時淺識，唯知事相爲功，廣費財寶，多傷水陸，妄營像塔，虛促人夫，積木疊泥，圖青畫綠，傾心盡力，損已迷它；未解慚愧，何曾覺知。見有爲則勤勤愛著，說無相則兀兀如迷。且貪現世之小慈，豈覺當來之大苦。此之修學，徒自疲勞，背正歸邪，誑言獲福。但能攝心內照，覺觀外明，絕三毒永使銷亡，閉六賊不令侵擾；自然恆沙功德，種種莊嚴，無數法門，一一成就。超凡證聖，目擊非遙。悟在須臾，何煩皓首？眞門幽秘，寧可具陳？略述觀心，詳其少分，而說偈言：

我本求心心自持。求心不知待心知。
佛性不從心外得。心生便是罪生時。

我本求心不求佛。
若欲求佛但求心。

了知三界空無物。
只這心心心是佛。

達磨大師破相論終

最上乘論

弘忍禪師著

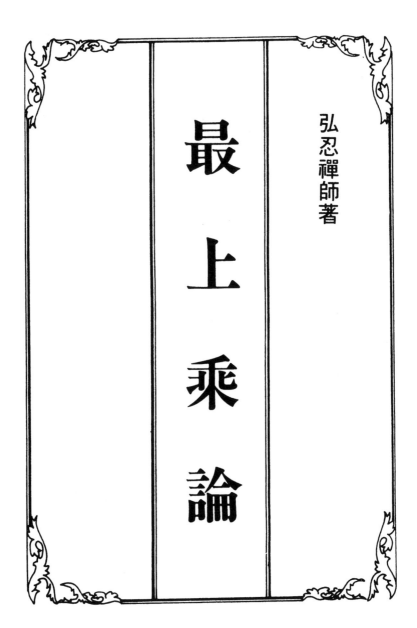

最上乘論

第五祖弘忍禪師　述

凡趣聖道悟解眞宗，修心要論，若其不護淨者，一切行無由取見；願善知識如有寫者，用心無令脱錯，恐誤後人。

夫修道之本體，須識當身；心本來清淨，不生不滅無有分別，自性圓滿，清淨之心，此是本師，乃勝念十方諸佛。問曰：何知自心本來清淨？答曰：十地經云：衆生身中有金剛佛性，猶如日輪，體明圓滿，廣大無邊；只爲五陰黑雲之所覆，如瓶内燈光，光不能照輝。譬如世間雲霧，八方俱起，天下陰闇。日豈爛也，何故無光？光元不壞，只爲雲霧所覆；一切衆生清淨之心，亦復如是。只爲攀緣妄念煩惱諸見，黑雲所覆，但能凝然守心，妄念不生，涅槃法自然顯現。故知自心，本來清淨。

問曰：何知自心本來不生不滅？答曰：維摩經云：如、無有生，如、無有滅。如者、眞如佛性，自性清淨。清淨者，心之原也。眞如本有，不從緣生。又云：一切衆生，皆如也，衆賢聖亦如也。一切衆生者，即我等是也。衆賢聖者，即諸佛是也。名相雖別，身中眞如法性，並同不生不滅。故言皆如也。故知自心本來不生不滅。

問曰：何名自心爲本師？答曰：此眞心者，自然而有，不從外來不屬於修。於三世中，所有至親莫過自守於心。若識心者，守之則到彼岸。迷心者，棄之則墮三塗。故知三世諸佛以自心爲本師。故論云：了然守心，則妄念不起則是無生，故知心是本師。

問曰：何名自心勝念彼佛？答曰：常念彼佛，不免生死；守我本心，則到彼岸。金剛經云：若以色見我，以音聲求我，是人行邪道，不能見如來。故云：守本眞心勝念他佛。又云：勝者只是約行勸人之語，其實究竟果體平等無二。問曰：衆生與佛眞體既同，何故諸佛不生不滅，受無量快樂，自在無礙。我等衆生，墮生死中，受種種苦耶？答曰：十方諸佛，悟達法性，皆自然照燎於心源；妄想不生，正念不失，我所心滅，故得不受生死。不生死故，即畢竟寂滅。故知萬樂自歸。一切衆生迷於眞性，不識心本，種種妄緣，不修正念，故即憎愛心起。以憎愛故，則心器破漏；心器破漏故，即有生死；有生死故，則諸苦自現。心王經云：眞如佛性，沒在知見；六識海中，沉淪生死，不得解脫。努力會是守本眞心，妄念不生，我所心滅，自然與佛平等無二。

問曰：眞如法性，同一無二；迷應俱迷，悟應俱悟。何故佛覺性，衆生昏迷，因何故然？答曰：自此己上，入不思議分，非凡所及；識心故悟，失性故迷；緣合即合，說不可定；但信眞諦，守自本心。故維摩經云：無自性、無他性，法本無生，今即無滅。此悟即離二邊，入無分別智。若解此義，但於行知法要，守心第一。此守心者，乃是涅槃之根本，入道之要門，十二部經之宗，三世諸佛之祖。

問曰：何知守本眞心，是涅槃之根本？答曰：涅槃者，體是寂滅，無爲安樂；我心既是眞心，妄想則斷；妄想斷故，則具正念；正念具故，寂照智生；寂照智生故，窮達法性；窮達法性故，則得涅槃。故知守本眞心，是涅槃之根本。

問曰：何知守本眞心，是入道之要門？答曰：乃至擧一手爪，畫佛形像，或造恆沙功德者；只是佛爲教導無智慧衆生，作當來勝報之業，及見佛之因。若願自早成佛者，會是守本眞心。三世諸佛，無量無邊，若有一人不守眞心得成佛者，無有是處。故經云：制心一處，無事不辦。故知守本眞心，是入道之要門也。

問曰：何知守本眞心，是十二部經之宗？答曰：如來於一切經中，說一切罪福，一切因緣果報；或引一切山河大地草木等種種雜物，起無量無邊譬喻；或現無量神通，種種變化者；只是佛爲教導無智慧衆生，有種種欲心，心行萬差。是故如來隨其心門引入一乘。我既體知衆生佛性，本來清淨，如雲底日，但了然守本眞心，妄念雲盡，慧日即現：何須更多學知見，所生死苦。一切義理及三世之事，譬如磨鏡，塵盡明自然現。則今於無明心中學得者，終是不堪。若能了然不失正念，無爲心中學得者，此是眞學。雖言眞學，竟無所學。何以故？我及涅槃，二皆空故。更無二無一，故無所學。法性雖空，要須了然守本眞心；妄念不生，我所心滅。故涅槃經云：知佛不說法者，是名具足多聞。故知守本眞心，是十二部經之宗也。問曰：何知守本眞心，是三世諸佛之祖？答曰：三世諸佛，皆從心性中生。先守眞心，妄念不生，我所心滅，後得成佛。故知守本眞心，是三世諸佛之祖也。上來四 種問答，若欲廣說何窮。吾今望得汝自識本心是佛，是故慇懃勸汝。千經萬論，莫過守本眞心是要也。吾今努力按法華經，示汝大車寶藏明珠妙藥等物，汝自不取、不服、窮苦奈何！會是妄念不生，我所心滅，一切功德，自然圓滿，不假外求，歸生死苦。於一切處，正念察心，莫愛現在樂，種未來苦，自誑誑他，不脫生死。努力努力！今雖無常，共作當來成佛之因；莫使三世虛度，枉喪功夫。經云：常處地獄，如遊園觀，在餘惡道，如己舍宅。我等衆生，今現如此，不覺不知，驚怖煞人，了無出心。奇哉苦哉！若有初心學坐禪者，依觀無量壽經，端坐正念，閉目合口，心前平視，隨意近遠；作一「日」想，守眞心念念莫住，即善調氣息。莫使乍麤乍細則令人成病苦。夜坐禪時，或見一切善惡境界，或入青黃赤白等諸三昧，或見身出大光明，或見如來身相，或見種種變化；但知攝心莫著，並皆是空，妄想而見也。經云：十方國土，皆如虛空，三界虛幻，唯是一心作。若不得定，不見一切境界者，亦不須恠。但於行住坐臥中，常了然守本眞心，會是妄念不生，我所心滅。一切萬法不出自心，所以諸佛廣說，如許多言教譬喻者，只爲衆生行行不同，遂使教門差別。其實八萬四千法門，三乘八道位體，七十二賢行宗，莫過自心是本也。若能自識本心，念念磨鍊；莫住者，即自見佛性也。於念念中，常供養十方恆沙諸佛。十二部經，念念常轉。若了此心源者一切心義自現，一切願具足一切行滿，一切皆辦，不受後有。會是妄念不生，我所心滅，捨此身已，定得無生，不可思議。努力莫造作，如此眞實不妄語，難可得聞，聞而能行者，恆沙衆中，莫過有一。行而能到者，億萬劫中，希有一人。好好自安自靜，善調諸根，就視心源。恆令照燎清淨，勿令無記心生。

問曰：何名無記心？答曰：諸攝心人爲緣外境麤心小息，內鍊眞心；心未清淨時，於行住坐臥中，恆懲意看心，猶未能了了清淨，獨照心源，是名無記心也。亦是漏心，猶不免生死大病，況復總不守眞心者；是人沈沒生死苦海，何日得出。可憐努力努力！經云：衆生若情誠不內發者，於三世縱値恆沙諸佛無所能爲。經云：衆生識心自度佛不能度衆生。若佛能度衆生者，過去諸佛恆沙無量，何故我等不成佛也？只是情誠不自內發，是故沉沒苦海。努力努力！勤求本心，勿令妄漏。過去不知，已過亦不及今身現在，有遇得聞妙法，分明相勸，決解此語，了知守心，是第一道。不肯發至誠心，求願成佛，受無量自在快樂，乃始轟轟隨俗貪求名利，當來墮大地獄中，受種種苦惱，將何所及。奈何奈何！努力努力！但能著破衣飡麤食，了然守本眞心，佯癡不解語，最省氣力，而能有功，是大精進人也。世間迷人不解此理，於無明心中，多涉艱辛，廣修相善，望得解脫，乃歸生死。若了然不失正念，而度衆生者，是有力菩薩。分明語汝等，守心第一，若不勤守者，甚癡人也。不肯現在一生忍苦，欲得當來萬劫受殃，聽汝更不知何囑？八風吹不動者，眞是珍寶山也。若知果體者，但對於萬境起恆沙作用，巧辯若流，應病與藥，而能妄念不生，我所心滅者，眞是出世丈夫。如來在日，歎何可盡。吾說此言者，至心勸汝，不生妄念，我所心滅，則是出世之士。

問曰：云何是我所心滅？答曰：爲有小許勝他之心，自念我能如此者，是我所心，涅槃中病故。涅槃經曰：譬如虛空，能容萬物，而此虛空不自念言我能含容如是。此喻我所心滅。趣金剛三昧。

問曰：諸行人求眞常寂者，只樂世間無常麤善，不樂第一義諦眞常妙善；其理未見，只欲發心緣義，遂思覺心起，則是漏心；只欲亡心，則是無明昏住。又不當理，只欲不止心不緣義，即惡取空，雖受人身，行畜生行；爾時無有定慧方便，而不能解了，明見佛性。只是行人沉没之處，若爲超得到無餘涅槃，願示眞心。答曰：會是信心具足，志願成就，緩緩靜心，更重教汝；好自閑靜身心，一切無所攀緣，端坐正念，善調氣息；懲其心不在內、不在外、不在中間，好好如如，穩看看熟，則了見此心識流動，猶如水流，陽焰曄曄不住。既見此識時唯是不內不外，緩緩如如，穩看看熟，則返覆銷融，虛凝湛住。其此流動之識，颯然自滅。滅此識者，乃是滅十地菩薩衆中障惑。此識滅已，其心即虛，凝寂淡泊，皎潔泰然；吾更不能說其形狀。汝若欲得者，取涅槃經第三卷中，金剛身品，及維摩經第三卷見阿閦佛品，緩緩尋思，細心搜撿熟看，若此經熟，實得能於行住坐臥，及對五欲八風，不失此心者，是人梵行已立，所作已辦，究竟不受生死之身。五欲者：色聲香味觸。八風者：利衰毀譽稱譏苦樂。此是行人磨鍊佛性處，甚莫恠，今身不得自在。經曰：世間無佛住處，菩薩不得現用。要脫此報身，衆生過去根有利鈍，不可判；上者一念間，下者無量劫。若有力時，隨衆生性．起菩薩善根，自利利他，莊嚴佛土。要須了四依，乃窮實相。若依文執，則失眞宗。諸比丘！汝等學他出家修道，此是出家，出生死枷，是名出家。正念具足，修道得成，乃至解身支節，臨命終時，不失正念，即得成佛。弟子上來集此論者，直以信心依文取義，作如是說，實非了了證知。若乘聖理者，願懺悔除滅；若當聖道者，迴施衆生，願皆識本心，一時成佛。聞者努力，當來成佛，願在前度我門徒。問曰：此論從首至末，皆顯自心是道，未知果行二門，是何門攝？答曰：此論顯一乘爲宗。然其至意，導迷趣解，自免生死，乃能度人。直言自利，不說利他，約行門攝。若有人依文行者，即在前成佛。若我誑汝，當來墮十八地獄，指天地爲誓，若不信我，世世被虎狼所食。

最上乘論一卷終

國家圖書館出版品預行編目資料

達磨祖師論集 / 達磨祖師著. -- 初版. -- 新北市：
華夏出版有限公司, 2023.06
面； 公分. --（圓明書房；09）
ISBN 978-626-7134-86-3（平裝）
1.CST：禪宗 2.CST：佛教修持

226.65 111021752

圓明書房 009

達磨祖師論集

著 作 達磨祖師
印 刷 百通科技股份有限公司
電話：02-86926066 傳真：02-86926016
出 版 華夏出版有限公司
220 新北市板橋區縣民大道 3 段 93 巷 30 弄 25 號 1 樓
電話：02-32343788 傳真：02-22234544
E-mail： pftwsdom@ms7.hinet.net
總 經 銷 貿騰發賣股份有限公司
新北市 235 中和區立德街 136 號 6 樓
電話：02-82275988 傳真：02-82275989
網址：www.namode.com
版 次 2023 年 6 月初版—刷
特 價 新臺幣 200 元（缺頁或破損的書，請寄回更換）

ISBN-13：978-626-7134-86-3

《達磨祖師論集》由佛教出版社同意華夏出版有限公司
出版繁體字版